うまくいかない ときに うまくいく!

ささきみつお

小牧者出版

カバーデザイン　傳田康子

はじめに

国際的な法律問題を取り扱う国際弁護士として、四十五年近く働いてきましたが、その業務は実に多岐にわたります。

日本の国際化傾向に伴い、仕事はますます増大し、一件数千億、数十兆円という案件も増えています。こうした法律問題や紛争事件は、六法全書を読めばすべて解決するのでしょうか。とんでもありません。法律は人間が作ったものです。良い法律もありますが、納得のいかない法律もたくさんあります。その上、コロコロ変わります。最高裁の判例も、担当裁判官が変われば、また変わってしまうのです。

私は人生を模索しているうちに、ある本にたどり着きました。「永遠のベストセラー」と言われる「聖書」です。聖書には永遠の真理が書かれています。この聖書にたどり着いて、私はようやくあらゆる問題を解決する秘訣を発見しました。

さまざまな法律問題に取り組み、現実に解決することを職業とする弁護士としての立場から、聖書に書かれた言葉によって問題を解決していく秘訣を、具体的事例とともにお話ししていきたいと思います。

第3章　新しい世界に踏み出そう

第4章　決してあきらめない

第1章
こころの土台を築こう

MIND

1

ドングリを植えよう

『木を植えた人』（ジャン・ジオノ著）という有名な本があります。作家がある時一人旅をして、フランス南東部の丘陵地帯にたどり着きました。彼はそこで、一人の無口な羊飼いに出会います。彼は毎日、百個のドングリを荒れ果てた山に植えていました。鉄の棒を地面に突き刺して穴を掘り、ドングリを一個入れて穴をふさぐ……。こうして、彼はカシの木の種を蒔いていったのです。その後、戦争が始まりました。戦後何年も経って、この作家が再び同じ場所を訪れました。すると驚いたことに、かつての荒涼とした山や谷が緑の樹木で覆われ、せせらぎが流れていたというストーリーです。

「外国の寒冷地でこごえている貧しい人たちのために、マフラーを編んで送ってください！」

一人の芸能人がこう呼びかけると、日本中からマフラーがたくさん届き、海外の方に大変喜ばれたという話が、ドキュメンタリー映画になりました。

この映画を観て、一人の大学生が心から感動を覚えました。「一人でも思い立って行動すれば、世界は変わっていくんだ。今まで自分一人では何もできないと思ってたけど、自分が変われば、世の中が変わっていくかもしれない。何かやってみよう！」と決心しました。

彼は新宿、歌舞伎町の掃除を始めました。繁華街には、朝になると町中にゴミが散らかっています。彼は、朝早く起きてタバコの吸い殻やコーヒーの空き缶を拾い、二時間近くかけて掃除をしました。数日やってみましたが、街行く人は皆、無関心に通り過ぎていくばかり。そのうち彼は、疲れた時には掃除をさぼるようになりました。「一人でがんばってみても、何も変わらないじゃないか！」と失望し、ばかばかしくなってきたのです。

しかし、ゴミが散らかっている街を見るとやはり胸が痛み、思い直して掃除を続けました。ある時「毎日よくやっているね。今朝は寒いから、これを飲んでがんばってね！」と通りがかりのサラリーマンが温かい缶コーヒーを買って来てくれました。「毎日掃除してくれている君に申し訳ないから、タバコのポイ捨てをやめるよ」とホストクラブのお兄さんから声をかけられるようにもなりました。

みんなの言葉に励まされて掃除を続けていくうちに、街のゴミはだんだん減っていきました。以前は二時間かかったのが、一時間で済むようになりました。彼の地道な活動を見ていた人たちが、道路にゴミを捨てなくなってきたのです。これは町中の話題となり、マスコミにも取り上げられました。一人の大学生の小さな思いが、日本を変え、やがて世界を変えていくのです。

私もこの学生の話を聞いて、心が変えられた一人です。私は都内をもっぱら自転車で移動していますが、風の強い日の後は、たくさんの自転車が横倒しになっています。倒れている自転車を一台一台引き起こすことに、さわやかな喜びを感じるようになりました。

大切なことは、人の心が他の人の心を変えていくということです。法律でポイ捨てを処罰すれば、街はきれいになるかもしれません。しかし、街の人たちの心は荒廃したままではないでしょうか。

ですから、私の愛する兄弟たちよ。堅く立って、動かされることなく、いつも主のわざに励みなさい。あなたがたは自分たちの労苦が、主にあってむだでないことを知っているのですから。(Ⅰコリント一五・五八)

MIND

2

恐れにとらわれない

「とても怖いんです。弁護士先生、どうか助けてください！　警察を裁判所に訴えてください」。恐怖心にさいなまれているという方が相談にやって来られました。

「何がそんなに怖いんですか？」と尋ねると、「ずっと警察に追われているんです」と言われます。話を聞くと、この方は学生運動をしていた頃、警察に捕まったことがありました。しかし左翼運動に疑問を感じ、大学卒業後は普通のサラリーマンになっていました。

にもかかわらず、四十五年間、警察に追いかけられ続けていると訴えるのです。確かな証拠があるのかと確認すると、「たくさんあります。交番の前を通ると、刑事が必ず私のことをにらみつけるのです。『いつでもお前を捕まえてやるぞ!』と言わんばかりにです。昨日も家の近くの十字路を曲がると、警官とすれ違いました。きっと、私を待ち伏せしていたのです」と言うのです。

私は彼にこう語りました。「それはあなたの気のせいではありませんか。警察もいろいろな事件で忙しいですから、あなた一人のことに四十五年もつけ回す余裕はありませんよ」。ところが彼は怒りで声を震わせ、「絶対に気のせいではありません。やはり弁護士先生も私を信じてくれないんですね。じゃあ結構です!」と怒鳴って帰っていってしまいました。

「恐れ」は、放っておくとどんどん大きくなります。この人の例は極端かもしれません。しかし多くの人が、試験に落ちるのではないか、会社をクビになるのではないか、離婚されるのではないか、破産するのではないか、がんにかかるのではないか……と心配し続けています。恐れから逃亡しようと、海外に脱出する人もいます。しかし、どこに逃げても恐れからは解放されません。なぜなら、どこを探しても、この世に恐れのない国はないからです。

このように弱い人間に対して、神様はくり返し聖書の中で「恐れるな」と語っておられます。「あなたがどこに行こうと、わたしはあなたと一緒にいるよ」と励ましてくださっているのです。

一九二九年に始まる世界大恐慌を前にして選出されたアメリカのルーズベルト元大統領は、その就任演説で、全国民にこのように呼びかけました。

「今こそ、堂々と真実を語るべきである。すべての真実を、勇気をもって、包み隠さず語るべきである。今我が国が直面している問題から、目をそらしてはならない。しかし、我々が恐れるべきものはただ一つしかない。それは、『恐れる』ということそのものである！」

こうして、ルーズベルトは、委縮していた国民の精神を鼓舞して、大恐慌を乗り越え、破たんに瀕していたアメリカ合衆国を立て直しました。ルーズベルトの言うように、問題を隠さずに正しく直視しなければなりません。そして、問題を恐れないで、強くかつ勇敢に、その解決に取り組むことです。神様があなたと共にいてくださいますから、あなたはどんな問題でも解決することができるのです。

恐れるな。わたしはあなたとともにいる。たじろぐな。わたしがあなたの神だから。わたしはあなたを強め、あなたを助け、わたしの義の右の手で、あなたを守る。

（イザヤ四一・一〇）

MIND

3

被害者意識を脱ぎ捨てよう

ほとんどの人は、何らかの被害者意識を持っています。物事が思い通りにいかなかったり、人間関係がうまくいかなくなったりすると、必ず被害者意識を持つようになります。

被害者意識を持っていると、いつも自分を正当化しようとします。そして世の中や誰かに仕返しをしなければ気が済みません。ところが、仕返しをすると、今度は仕返しされた相手が被害者意識を持つようになります。これでは「被害者意識の悪循環」です。

被害者意識のもう一つの重大な問題は、世の中をのろい、相手を恨んでいる限り、被害者本人の心が解放されないということです。絶えず否定的な思いで生活しなければなりません。そのような意味では、被害者意識を持ち続けている本人が一番かわいそうなのです。

では、被害者意識から解放されるにはどうしたらいいのでしょう。それは、被害者意識を自分から捨て、意識して相手を赦す努力をすることです。加害者のために赦すのではなく、自分のために赦す気持ちを持つなら、少しは赦すハードルが下がるのではないでしょうか。

皆さんは、コーリー・テン・ブームという人をご存じでしょうか。第二次世界大戦中、多くのユダヤ人をナチスから助けたオランダ人のクリスチャンです。彼女は家族と共に強制収容所に送られ、家族の中でたった一人だけ生き残りました。

戦後、彼女は著名な執筆家・講演者となり、愛の神がおられること、この愛によって心がいやされ、解放されることを世界中で伝えました。けれども、心の奥底では、残忍なナチスをどうしても赦すことができませんでした。ところが彼女の講演会に、かつてナチスの衛兵だった男性が現れたのです。

「彼が、私の前に立ち、『自分が犯した残虐行為の罪を悔い改めてクリスチャンになりました。どうか、私を赦してください』と握手を求めて手を差し出しているのです。しかし、私は……そこに立ったまま、彼を赦すことができませんでした。『赦さなければいけない』それは分かっていました。

戦後、私はナチスの残虐行為の犠牲者のための施設を運営していました。かつての敵を赦した人たちは社会復帰し、新しい人生を築き上げることができました。しかし、恨みを持ち続けた人たちは、いつまでも社会に復帰できませんでした。この差は、すさまじいほど歴然としていました。それなのに、私は冷たく心を閉ざして、彼の前に立ちすくんでいました。『イエス様、助けてください！』。私は黙って祈りました。私はぎこちなく無感動に、彼の手に自分の手を出しました。

その瞬間です、信じがたいことが起きました。強烈な電流が私の肩から腕を走り、握手した二人の手に流れたのです。いやしの炎が私の全身を駆け巡り、目に涙があふれてきました。『私はあなたを赦します！』私は叫んでいました。……かつての強制収容所の捕虜とナチの衛兵の二人は、長い間しっかりと手を握り合っていました。これまで、これほどまでに強烈な神の愛を体験したことはありません。これは私の愛ではなく、神の愛そのものでした」

MIND

4

あるがままの姿で

神は自分のかたちに人を創造された。すなわち、神のかたちに創造し、男と女とに創造された。(創世記一・二七)

このところビジネスで韓国に行く機会が増えました。ソウルの街には、映画俳優やテレビタレントのように、目鼻立ちが美しく整った若い人がたくさんいます。韓国の若い女性の半数が整形しているそうです。男性も整形する人が増えているそうです。

よく見ると、みんな似たような顔つきに見えます。そのうち、不自然なものを感じてきます。「整形美人」という仮面をつけているという不自然さです。この人はすごくきれいだけど、きっと整形しているに違いない。この人の素顔はどうなんだろうか？　この人が結婚して生まれてくる子どもは、どんな顔をしているんだろうか？　と変なことが気になります。

あなたは人の目を意識しすぎていませんか。人の評価を気にしすぎていませんか。人との競争心を動機に働いていないでしょうか。そうすると「こうしなければならない」「こうあらねばならない」とがんじがらめになってしまい、いつの間にか「あるがままの自分という実像」ではない、自分で勝手にこしらえた「あるべき自分という虚像」を演じ続けなければならなくなってしまいます。いつかは行き詰まり、燃え尽きてしまうことになりかねません。

「○○だからこうしなければならない」とか、「リーダーはこうあるべきだ」という議論はすべて、外から人を縛り付ける義務感です。確かに「ねばならぬ」という義務感は正しいのですが、義務感そのものは、あなたにそれを実行する力を与えてくれません。

ですから、「ねばならぬ」をがんばって実行しようとすればするほど、仮面の自分を演じることになり、内面の愛と喜びと平安を失っていきます。最後は、「ねばならぬ」という義務感によって人を裁き、同じ義務感によって自分も裁かれてしまうのです。

聖書は「あるがままのあなたが一番いいんだよ！」と語っています。なぜなら、神は、最高の傑作として個性ある「あるがままのあなた」を造ってくださったからです。

イエス・キリストは十字架にかかることによって、一切の「ねばならぬ」からあなたを解放してくださいました。肩の力を抜いて、自然体でもっと自由に、喜んで生き生きと生きましょう。それは決して、欲望の赴くままに生きるとか、怠けて状況に流されていくということではありません。整形しなくても、神の愛に満たされていけば、あなたの素顔は喜んで、限りなく魅力的に輝いていきます。ですから「あるがままのあなたが一番いい！」のです。

MIND 5

弱さを誇ろう

かつて、来日中の画家でゴスペルシンガーのジョニー・エレクソン・タダ氏のスピーチを聞きました。彼女は十七歳の時、ダイビング中に首の骨を折って四肢麻痺になりました。ベッドに固定されて天井を見ているだけという絶望のどん底で、神であるキリストに希望と喜びを見いだしたのです。口に筆をくわえて絵を描く画家として有名になり、今では車いすで世界中を回って、神の愛を伝えています。

「ジョニーさんはとても強い人ですね」と多くの方から言われます。「私は弱い人です。弱いからキリストに頼ります。キリストに頼るから私は強いのです」。彼女はこう答えています。

入浴や着替えなどの一切を人に頼る生活。彼女は毎日、自分の弱さを実感しているのです。そのたびにキリストに助けを求め、生きる希望と勇気を得ているのです。ジョニーさんのその姿は、多くの人々を励ましています。

「自分の弱さを誇れる私は、とても幸せです。反対に、自分の強さを誇ってキリストに頼らない人は、とても不幸だと思います」と彼女は語ります。

「ありのままでいい」とは、状況にそのまま流されてしまうことでも、「どうせ自分は弱い者なんだ。だから、弱々しく生きればいいんだ」ということでもありません。

アメリカの政治家フランクリン・ルーズベルトは、三十九歳の時にポリオ（小児麻痺）にかかり、ベッドで寝たきりの生活が数カ月も続きました。当然、政界から引退せざるを得ませんでした。しかし「政治家として社会正義を実現するのだ！」という強い神の使命感を持ち続けたルーズベルトは、七年後に政界に復帰し、ニューヨーク州知事となったのです。

後に大統領になったルーズベルトは、大恐慌の嵐が吹き荒れる中、ニューディール政策を打ち出して、世界的経済危機を救済しました。彼は米国政治史上最も偉大な大統領の一人と言われています。

私たちは皆、神の願いを自分の願いとして生きるべきです。けれども、神の理想はあまりにも高く、人間の力では決して到達することができません。理想に向かって進めば進むほど、ますます自分の弱さを自覚せざるを得ないのです。自分の弱さを自覚する時こそ、神に頼るチャンスです。神の力は、弱いところに完全に現れるからです。自分の弱さを誇りましょう。

MIND

6

想像には創造する力がある

想像には、創造する力があります。

人の思いの中でイメージされ、デザインされた物事が、そのまま現実造り出されていくことは、よくあることです。

創造主なる神は、宇宙万物を完璧にデザインして、それを現実に創造しました。神にそっくりに造られた人間は当然、神の想像力とそれに伴う創造力を受け継いでいます。

「一念岩をも通す」「一念天に通ず」「精神一到何事か成らざらん」

想像は、物事を成し遂げる現実の力なのです。

二〇一三年八月、ワシントン大学の研究者たちが、「念じるだけで他人を動かす」という実験に成功しました。同大学のラジェシュ・ラオ教授は、キャンパス内の一室で「ある動作」を強く念じたところ、別室にいた男性がその通りの動作をしたというのです。

人間の思いは、その強弱は別にして、時間空間を超越して一瞬にして全世界、いや全宇宙に伝播する力を持っているのです。インターネット社会に生きている者にとっては何も不思議なことではないでしょう。

そう考えてみると、普段の生活の中で、自分が何を思い、何を想像しているかということが、自分ばかりか、家族や人々に多大の影響を与えていることになります。その責任は重大です。

聖書には「あんな奴、死んでしまえ！」と思っただけで殺人の罪を犯したことになると書かれています。他人の妻に対してみだらな思いを持っただけで、姦淫したことになるというのです。そのような思いを継続的かつ強力に持ち続けるなら、いつかは想念の力によって悪い思いを実際に行ってしまうようになるのです。

反対に、いつも隣人の幸せを願い、敵をも愛し、迫害する者に対しても恨んだり裁いたりしないで祝福を祈っていくなら、いつかはその思いが実現します。良い思いも悪い思いも、種として蒔かれているのです。

種として蒔かれた良い思いは、この世で良い実を結び、悪い思いは悪い実を結びます。種はたくさん蒔けば蒔くほど、実をたくさん結んでいきます。

「この問題は解決しないのではないか。もうダメだ！」

このような思いを持ち続けるなら、その通りの結果をつかむことでしょう。

「この問題は絶対に解決する。神に不可能はない！」と信じて疑わないなら、その通りの結果をつかむことになります。なぜなら、想像には創造する力があるからです。大切なことは、何を想像するかなのです。

神の言葉を信じて、それが実現しているイメージを持ち続けるなら、その通りに実現していきます。これは驚くべき神の法則なのです。

MIND

7

使命を取り戻す

「がん哲学外来」を知っていますか。先日、「がん哲学外来」を実際に行っている樋野興夫医師（順天堂大学教授）のお話を聞くことができました。

がん細胞は、もともとは正常な細胞だそうです。がん細胞と正常細胞の違いは、「その細胞が自分の使命に目覚めているかどうか」だと言えます。目の細胞は、目が見えるように働く使命を持ち、その目的に向かって活動しています。心臓の細胞は、血液を体中に循環させるように働く使命を持って、その目的に向かって活動しているのです。

しかし、がん細胞は自分の使命を見失って、自分勝手な行動をして暴れ回るため、体の健康の秩序を破壊しています。正常な細胞ががん細胞に変わってしまう原因の多くは、不健康な考え、不健康な生活、不健全な環境なのです。

がん細胞はたくさんの強い正常な細胞に囲まれていると、おとなしくなって、破壊活動が沈静化します。がん細胞が自分の使命に目覚めると、正常な細胞に変わってしまうのです。がん細胞の生態を研究して、樋野先生は、人間社会にも同じような生態を発見しました。

たとえば、社会の秩序に反抗する、いわゆる「不良少年」がいるとします。しかし、多くの健全な人たちが不良少年を取り囲んで愛をもって接していると、彼の非行活動は沈静化していきます。どうしようもない不良少年が、自分の使命に目覚めた途端に、健全な少年に変わることがあるのです。

茨城県大洗を中心に、三十年以上も活動してきた「全日本狂走連盟愚連隊大洗連合ミスティー」という暴走族グループがありました。高校生を中心とする三十名近くがバイクの隊列を組み、大洗や水戸で轟音を立てて暴走しまくっていました。

ところが東日本大震災の際、被災地となった大洗の避難所に避難していた暴走族たちは、それまで敵だと思っていた大人から「飲み物はありますか」などと気遣ってもらう体験をしました。

「暴走なんかしてる場合じゃない！」と思った彼らは、壊れた町役場の後始末を手伝い始めました。彼らはやがて、「ボランティアで被災地復興の奉仕活動をしよう！」という使命感に目覚めたのです。

ボランティアとして再出発を決意した十五人の暴走愚連隊は四月十五日、地元の警察署で、暴走族解散式を行いました。「これまでは地域の人たちに迷惑をかけてきました。今後はもう暴走行為は行いません」。十六歳の少年総長は、こう宣誓書を読み上げ、族旗を警察所長に返上しました。

「これからは、同じ境遇の少年たちを巻き込んで、ボランティアとしてがんばりたい！」。少年総長の目は、輝いていました。

MIND

8 一％のインスピレーション

「一％のインスピレーション（ひらめき）」＋「九十九％のパースピレーション（努力）」。これが世界の発明王トーマス・エジソンの成功の秘訣であると言われて来ました。

エジソンは自分のベッドで眠ったことがほとんどなく、仕事場で断続的に短い仮眠を取ることによって、飽きもせずに一つのテーマに肉体的・精神的エネルギーを集中し続けました。ですから、エジソンは「努力の人」として賞賛されて来ました。ところがこれは真実ではありません。『一％のインスピレーション』がなければ、『九十九％のパースピレーション』は無駄である」。雑誌のインタビューで、エジソンは本当は記者にこう語ったのです（「サクセス・マガジン」一九八二年二月号）。

聖書によれば、万物の創造主は全知全能です。一つの問題を解決するのに、全知全能の神は、幾万通りの方法を持っています。神の解決の道は、インスピレーション（導き、直感、ひらめき、聖書の言葉）によって示されます。神のインスピレーションに従えば、まっすぐな道を歩むことができます。自分の知識（思い、考え）だけに頼ってがむしゃらに努力しても、努力は全く無駄になり、疲れ果ててしまうことが多いのではないでしょうか。

まず、神の御前に静まって、神ご自身から問題解決への具体的方法を示していただくことです。それに忠実に従って歩むならば、問題は必ず解決します。

神のインスピレーションに従っている時は、絶え間なく新しい力がわいてくるので、疲れることがありません。他の人々の目には、その人は「努力の人」に見えますが、本人は寝食を忘れてしまうほど楽しく働いているのです。

しかし、主を待ち望む者は新しく力を得、鷲のように翼をかって上ることができる。走ってもたゆまず、歩いても疲れない。（イザヤ四〇・三一）

「一％のインスピレーション」という言葉で、エジソンは「見えない世界、霊の世界」のことを語り、「九十九％のパースピレーション」という言葉で、彼は「見える世界」のことを語ったのです。実は、問題解決の重要さとしては、「九十九％」がインスピレーションで、「一％」がパースピレーションなのです。

「氷山の一角」という言葉があります。「氷山」の「水面下に隠れている部分」と「水面上に現れている部分」との比率は、「一〇対一」です。「見えない世界」の比率がいかに大きいか。水面上の目に見える氷山だけを目指して行けば、必ず水面下の氷山に衝突して、あなたの船は座礁してしまうでしょう。

目に見える問題は「氷山の一角」に過ぎません。その部分だけを見て解決しようとしても、いつかは必ず挫折してしまいます。多くの場合、問題の核心は「水面下」にあります。問題の内面的な部分を探りながら対処していけば、いつかは必ず解決します。

ですから、自分の考えによってがむしゃらに努力してがんばるよりも、心を尽くして神を信頼し、すべてをご存じの神の総合判断に頼っていく方が、はるかに良い成果をあげることができるのです。

hire &

第2章
習慣の力

HABIT

1

笑いは健康の秘訣

先輩のM弁護士は、毎日、朝から晩まで「ワッハッハッハ！」と大声で笑っている豪快な人です。実は、M弁護士は生まれつき気まじめな性格で、学生のころ強度のノイローゼになり、精神科に通ったことがありました。いくら治療しても治らないMさんに、医師は最後の処方箋を渡しました。

「あなたは何でも深刻に考えすぎます。一番良い治療法は、どんな物事の中にもおもしろいことを見つけて笑うことです」

Mさんはこれを忠実に実行し、無理にでも笑う習慣を身につけて、とうとう「笑いのプロ」となったのです。

カリフォルニア大学のノーマン・カズンズという教授が『五百分の一の奇蹟』という本を書いてベストセラーになりました。彼は膠原病《こうげん》にかかって、医者から「これは五百人に一人しか治りませんから、治る確率は五百分の一ですよ」と言われました。いろいろ薬を飲んで治療を受けたのですが、どんどん悪くなっていくばかりです。

「どうせ死ぬなら、残りの人生はおもしろおかしく過ごそう！」。ノーマン氏はこう決心しました。お笑い番組を見たり、マンガを読んだりして、とにかく冗談を言って笑って過ごしました。すると、笑っているうちに、何と膠原病が治ってしまったのです。

彼は文学を専攻していましたが、今は医学部で「笑いの健康に及ぼす医学的効用」というテーマで教えています。彼はこう言います。「病は笑うべきではないが、大いに笑うべきだ！」

韓国の学者の調査によると、就学前の子どもが一日に笑う回数は平均四百回だと言います。ところが、大人は平均わずか六回しか笑わないそうです。この世は人間の罪から生じる様々な悪いニュースで満ちています。だから喜ぶことができなくなります。

しかし、笑いは神が人間が与えてくれた大切な能力です。笑いは神経を鎮め、緊張をほぐし、怒りをなだめ、創造性を高め、愉快な気分にさせてくれます。健康な人でも、一日四千個のガン細胞が生まれるそうです。公害、添加物、ストレスなどが原因で、ガン細胞が毎日四千個も発生するのです。放っておくと、やがてガンに冒されることになります。ところが、一回笑うと二百個のガン細胞が死滅するというのです。では、四千個のガン細胞を殺すには、何回笑ったらよいでしょうか。二十回です。一日二十回、おなかの底から笑っていますか？

いつも主（神）にあって喜びなさい。もう一度言います。喜びなさい。

（ピリピ四・四）

HABIT

2

もっと鈍感になろう

「政治の世界では『鈍感力』が大切だ！」

小泉純一郎元首相が、安倍内閣の支持率低下に一喜一憂していた自民党執行部にこう言ってげきを飛ばしました。これがマスコミに受けて、「鈍感力」という言葉が一挙に広まったのです。元々、渡辺淳一の著書『鈍感力』から来ているようですが、私も常々「鈍感であることの大切さ」を感じている一人です。

ある難しい訴訟事件の第一審で大負けした時のことです。このまま敗訴が確定すれば、大変なことになってしまいます。その苦しみを打ち明けると、アフリカ人の友人から、ズバリこう言われました。

「ミスター・ササキ、あなたはナイーブ過ぎる。クリスチャンはもっと全能の神を信頼して図太くあるべきだ。負けたことには何らかの神の特別な意図があるはずだ。それを信じて祈っていけばいいんだ！」

その一言にハッとし、「神を信頼して、鈍感な自分になり切ろう！」と決心したのです。高裁に控訴した後は、周りの人たちが何と言おうと一切気にせず、ただひたすら神の計画を信頼して、それが実現するまで神の平安に支えていただきました。するとその結果、高裁において劇的な大逆転勝利がもたらされました。当事者双方も裁判官も全く予想できないようなことが起きて、関係者全員が非常に喜ぶ結末になったのです。

この事件をきっかけに、私は目先の勝ち負けに一喜一憂するのはやめることにしました。聖書によれば、神を信じる者はすでに世に勝っています。それも、圧倒的な勝利者とされているのです。どうするかという「方法」よりも、どちらを向いているかという「方向」が大切です。心が目前の一時的な有利不利にとらわれず、神が治める世界に向かっていればいいのです。

「新聞や雑誌の定期購読をしない。ラジオも聴かない。テレビも映画も見ない。講演会にも聴きに行かない。法律もあまり研究しない」という生活を三十年以上も続けています。きっと世の中の人には愚鈍に見えることでしょう。ところが、困ったことはほとんどありません。

「これでは、社会人としても弁護士としても、無責任ではないか?」と時々自分でも思います。しかしそんな私が新聞や雑誌に連載し、ラジオやテレビにレギュラー出演し、各地の講演会や講習会に呼ばれ、難しい裁判や仲裁事件を解決し、様々な国内、国外の法律問題に取り組んできたのですから不思議なものです。その分、聖書を読んで神に祈る時間をたくさん持つことができ、仕事そのものに集中することができています。

その結果、必要な情報は自然に入ってきましたし、チャンスや人との出会いも、向こうからやって来るのです。雑多な情報に右往左往しない方が、かえって物事の大局が見えてくる上、問題の本質をつかむことができるということです。

政治の世界だけでなく、日常生活においても「鈍感力」は大切です。様々な情報に翻弄されてしまい、あまりにもこせこせし過ぎていないでしょうか。こんな時代だからこそ、意識的に「鈍感力」を働かせ、神を信頼してすべてをゆだね、神の御手の内に安らぎたいものです。

HABIT

3 今日一日を生きる

親を信頼している子どもは、昨日のことは忘れ、明日のことは気にしません。ただ今だけを喜び楽しんで生きています。自分の親が子どもの昨日の失敗を償い、子どもの明日への準備をしていることを信じているからです。

それなのに、私たち大人は昨日の失敗にとらわれ、明日のことを心配しながら今日を生きています。今日一日だけで苦労は十分ありますが、今日だけの苦労なら、喜び楽しむことができます。しかし、昨日の後悔（持ち越し苦労）と明日への思い煩い（取り越し苦労）を今日の苦労に加えてしまうために、背負い切れなくなるのです。そのため、私たちは今日という日を喜び楽しむことができず、せっかくの神の贈り物である「今日というプレゼント（現在）」を台なしにしています。

「二十年前のことですが、それまで親切にしていた人に裏切られて、とんでもない被害を受けてしまいました」

「あのことさえなければ、もっとましな生活ができたはずです。返す返すも残念でなりません」

「何としても裁判で勝って、うらみを晴らしたいのです」

その人は加害者を訴えて、十年以上裁判をしています。その間に加害者が死亡したため、今は相続人を相手に係争中です。弁護士のやり方が気に入らないと次々に解任して、今の弁護士は七人目。加害者を恨むあまりか病気がちで、生活保護を受けています。

また、こんな人もいました。

「自分と家族の将来のことがいつも心配なんです。いつ病気になるか分からない。いつ事故に遭うか分からない……」

「だから家内と共働きで定年まで一生懸命がんばって生活費を節約し、コツコツ貯金してきました」

「でも、私は胃腸を悪くしてなかなか治りません。家内はうつで家で寝たり起きたりの生活です。三人の子どもたちのうち二人は不登校、一人は事件を起こして少年院に入っています」

「まじめに生きてきたのに、なぜこんなひどい生活なのでしょうか？」

よく聞いてみると、この人は住宅ローンをすでに完済し、二人の預貯金は一億円以上あると言うのです。明日への不安に縛られて、今日の喜びと楽しみを犠牲にしてきたのではないでしょうか。

今日一日に、やるべきことは十分あります。今日やるべきことを喜び楽しんでやれば、昨日を悔いたり、明日を心配したりする暇はありません。子どものように純真に天におられる神を信じ、今日一日を生きることです。

HABIT

4

一〇分ごとの感謝

「一〇分ごとに感謝するようになったら、私の生活がみるみる変わってきました！」

ある女性が、このように話していました。彼女は病気がちで、長い間うつに苦しんでいました。ある時思い立って、キッチンタイマーを使い、なかなか感謝できない自分に一〇分ごとに感謝するように強制してみました。するとうつがいやされ、からだの病気も治ってしまったと言うのです。

私はこの話を聞いた時、神が自分に語ってくださったと直感しました。弁護士の仕事は人々の問題を背負い込むので、どうしても気持ちが重くなってしまうのです。

ちょうどそのころ、ある事件が暗礁に乗り上げ、にっちもさっちもいかなくなっていました。何とか解決しようと夜遅くまで仕事をし、睡眠不足で体調も優れませんでした。「これだ！」と思った私は、さっそくこれを実行してみました。

一〇分ごとに感謝することを目指して、思い出すたびに感謝するようにしました。二日目にはかなり気分が晴れて、体調も良くなってきました。嫌な問題が起きたら、すぐにそれを神にお任せし、とにかく感謝します。おかげで、一時的に暗い気分になっても、この問題も特別な祝福だと思えるようになりました。痛くて触れもしない「いが栗」も、上手にいがを取り除けると、おいしい栗の実が隠れているのと同じです。

「ボク、なんでこんなひどい目にばかり遭うのでしょうか？」

彼は正当な理由もなく、長年所属した団体を除名され、除名無効確認の裁判中です。彼は誰とでもすぐに友だちになってしまうほど明るい性格の人気者で、外国人宣教師の子として日本に生まれ育ち、日本をとても愛しています。

団体を除名され、居場所を失った彼は、ストレスのために病気になり、入院しました。体中の免疫力が弱り、「あなたが入院した時は死ぬ直前でした！」と医師から言われるほどでした。数カ月の入院中に足を悪くして、松葉杖で歩くようになり、医師は彼の病を難病に認定しました。入院中、実家であった教会は不良少年たちに占拠され、彼らの遊び場と化してしまいました。そのため退院後、彼は教会に入れず、毎晩車の中で寝泊まりしなければならなかったのです。

「『一〇分ごとの感謝』を実行してみたらどうですか?」と私は彼に勧めてみました。すると二日後、彼から大喜びのメールが送られてきたのです。

「ボクの人生が全く変わりました! 感謝することを教えてくださって、心から感謝します」

わらをもつかむ思いで、彼は感謝を自分に義務づけてみました。すると通勤電車の中で感謝の喜びから涙が出て、思わず「感謝します!」と両手を上げて叫んでしまったというのです。さぞ乗客は驚いたことでしょう。それからみるみる体調も回復し、難病認定も取り消しになるほどの勢いです。不良少年も教会を去り、礼拝が今までになく祝福されるようになったのです。

HABIT

5

三つの口ぐせ

自分が語った言葉が実現するためには、多くの場合、繰り返しが必要です。同じ言葉を繰り返す。これを口ぐせと言いますが、私は「三つの口ぐせ」を提唱しています。

まず第一の口ぐせは、「これでいいんだ！」何が起こっても、どんな嫌なことが起きても、「これでいいんだ！」とすぐに言うのです。

これは、私の提案ではありません。自称「口ぐせ博士」の佐藤富雄という健康研究者が推奨する口ぐせです。「これでいいんだ！」と言うと、脳内ホルモンが出て、体全体、精神全体が肯定的な方向に向いていきます。前向きに取り組んでいくうちに、事態が本当に良くなってしまうというのです。これは生活上の知恵と言うことができます。

ところが、私はこれではちょっと物足りないと感じました。そこで第二の口ぐせは、「これがいいんだ！」

私たちはそれなりに、一生懸命生きています。にもかかわらず、いろいろなことが起きるわけです。ですから自分にとっても（時には相手にとっても）、「これがいいんだ！」これを口ぐせにするのです。

第三の口ぐせは、さらに進んで聖書の信仰に立ち、何が起きても「これがベストなんだ！」と言うことです。

神の本質は愛です。神は私たちを愛しているので、私たちのために最善しかなさいません。何かつらい問題があるとすれば、それが私たちに最も益となるから、私たちに最も良いから、その問題の存在が許されているわけです。

「こんな嫌な問題をいただいて、ありがとうございます。きっとこれは私にとって最高の恵みです！」

神の前にへりくだってこう言っているうちに、そういう気持ちになってきます。これは聖書の真理、霊的な事実です。

ある方の娘さんが、何と日本で一番授業料の高い中学に入ってしまいました。しかも、その方の家から遠いのです。娘さんはあまりからだが丈夫ではないので、二十五年ぶりに引っ越しました。

ところが、娘さんが学校に行きたがらなくなりました。「お腹が痛い」「途中で血を吐いた」などと言って、学校に出かけたのにすぐ家に戻ってきます。「あなたのために引っ越しまでしたんだ。高い授業料を払っているんだから、何とか行ってくれよ！」。その方は娘さんを一生懸命に説得したのですが、だめでした。

やむを得ず、娘さんを近くの公立中学に転校させました。今度は、家から歩いて五分で行けます。結果論としては、娘さんは喜んで学校に行くようになったのです。公立ですから授業料は最低ですよね。ですから、娘さんの登校拒否もベストに変えられたのです。よく考えてみると、こういうことが本当に多いのです。

HABIT

6

ほめる言葉はあなたを生かす

あなたは、クジラがダンスを踊るのを見たことがあるでしょうか？　フロリダのテーマパークでは、クジラがダンスを踊るショーを見せています。頭が大きく胴の短いクジラが、どうしてダンスを踊れるようになったのでしょう？

クジラが指示通りに動くと、調教師はクジラを十分ほめた後で、サバを一匹与えます。そしてこれを繰り返すのです。何と、人がほめる言葉はクジラの心に感動を呼び起こし、隠れている能力を引き出す力があるのです。

神は「賛美を住まいとしておられます」（詩篇二二・三）と聖書には書かれてい

ます。偉大なる創造の神は、ほめたたえられるのにふさわしいお方です。神のイメージに造られた人間も、ほめられるべき存在であり、ほめられることを喜ぶように造られています。

「ほめる」とは、お世辞を言って人をおだてることではありません。その人が本来持っているすばらしさを見いだして、心からの感動を込めて「すばらしい！」「美しい！」と言葉で表現することです。

愛し合う人たちは、自然にお互いをほめ合います。愛すれば愛するほど、相手のすばらしさが見えてくるからです。感動してほめればほめるほど、ほめる言葉に影響されて、相手のすばらしさはますます輝いていきます。「愛は徳を高める」と聖書にありますが、人を愛し、ほめることは、その人の価値や能力をどんどん引き上げていくのです。

わたしの目には、あなたは高価で尊い。わたしはあなたを愛している
（イザヤ四三・四）

これが聖書を貫く、神のあなたに対する評価です。あなたを造った神は、あなたを「高価で尊い」とほめておられるのです。神があなたをこよなく愛し、最高に評価しているからこそ、あなたを救うために御子イエスを十字架にかけ、あなたに永遠のいのちを与えてくださったのです。まさに聖書は、いのちをかけた、あなたへの神の熱愛のラブレターです。

もし、神が怒り、悲しまれるとしたら、神ご自身がこれほどまでに愛し、高く

評価しているのに、あなたがそれに気づかないからです。この人に比べたら自分には価値がないとか、あの人に比べたら自分の方がましだとか、人間的な「どんぐりの背比べ」をしているからです。

神がほめてくださる言葉を素直に受け入れ、大いに感謝し、喜びましょう。人があなたをどんなに見下し、軽蔑しようと、あなたの本来の価値には関係ないのです。神はあなたをこよなく愛し、あなたに非常に感動し、あなたをとても高く評価しておられます。

朝から晩まで、あなたが眠っている間も、毎日二十四時間、神はあなたをほめ続けてくださっているのです。神のほめる言葉を素直に聞いて、限りなく高められていきましょう。

HABIT

7 あなたの言った通りになる

聖書には、イエス・キリストを信じる者に数々の恵みが与えられると約束されています。その一つが「山をも動かす信仰」です。ここで、ナイジェリアの牧師で著名なテレビ伝道者でもあるセグン・オシナガ博士（アフリカ・ハーベスト・ミニストリーズ）のお話を紹介します。

ご主人に先立たれたケニアのAさんは、広い土地を相続しました。ところが、その土地の大半は小高い山によって占められ、放牧にも耕作にも適しません。Aさんは次第に経済的に困るようになり、「この山さえなければ、穀物を植えたり、羊を飼ったりできるのに！」といつも思っていました。

Ａさんはある時、「だれでも、この山に向かって、『動いて、海に入れ』と言って、心の中で疑わず、ただ、自分の言ったとおりになると信じるなら、そのとおりになります」という聖書の言葉を知って心を打たれました。「すごい！　うちの山に向かって『平らになれ！』と言って、疑わないで信じるなら、そうなるのだ！」

ちょうどそのころ、近くの教会でアメリカ人の宣教師が集会を開いていました。

Ａさんはさっそく宣教師を訪ねて質問しました。

「うちの山に『平らになれ！』と言えば、そうなるのですね？」

「とんでもない。イエス・キリストは、比喩として『問題の山』について語られたのですよ！」

Ａさんは最後に聞きました。「でもこの言葉は本当にイエス様が語られたのですよね?」宣教師は「そうです」と答えました。

Aさんはその日から毎日「主イエスの御名によって命じる。山よ、平らになれ!」と命じました。二カ月が過ぎましたが、山はびくともしません。それでもあきらめずに、毎日命じ続けました。

Aさんが山に命じ始めて、ちょうど四カ月が過ぎた時のことです。建設省の役人がAさんを訪ねてきました。「道路建設のために大量のアスファルトの原料が必要です。ナイロビ大学に調査をさせたところ、お宅の山はコールタールの原料のかたまりだと分かりました。そこで、ぜひお宅の山を買い上げたいのです!」

「神がついに、私の祈りを聞いてくださった!」。こう確信したAさんは、大喜びで値段を交渉し、ついに四百万ドルで売却が決まったそうです。あっという間に、山は崩されて平地になりました。

これは、聖書の言葉を疑わないで素直に信じ、実行し続けた結果です。神はAさんの純粋な信仰を喜ばれ、山を平らにしただけでなく、豊かな報償金まで下さったのです。

神を心から信じて、自分の目の前にある問題の山々に向かって、父なる神がいかに偉大なお方であるかを宣言していくならば、問題の山々はその勢力を失って、後退せざるを得ないのです。

信仰がなくては、神に喜ばれることはできません。神に近づく者は、神がおられることと、神を求める者には報いてくださる方であることとを、信じなければならないのです。（ヘブル一一・六）

HABIT

8

恵みを数えよう

問題に心がとらわれてしまい、どうしても頭から離れないことがあります。問題のことをいくら考えても、解決のめどが立たない。そんな時は、神の恵みを数えましょう。恵みを数えているうちに、問題から解放されていきます。

今日も太陽が輝いています。着る物、食べる物があり、住む場所があります。戦争もなく、地震もなく、危害や事故もありません。心臓が動き、血液が体中を循環しています。家族があり、友人がいます。美しい星空、澄んだ空気、緑の野山、大きな海原、きれいな愛すべき動植物……

このようにゆっくり恵みを数えていくと、それは際限なく続いていきます。恵みを数えていくうちに、だんだんうれしくなっていくでしょう。次第に問題が小さくなって、心が解放されていきます。ついには、正面から問題に取り組んで、これを解決しようとする力と勇気が湧いてくるのです。

ある時、非常に難しい事件を任されました。私自身もその問題に縛られ、事件をどのように解決しようかと、いつも考えてばかりいました。

そんな時、家族とスキーに行くことになりました。「スキーなんかしている場合じゃないのに！」と思いましたが、前々からの約束で行かざるを得ません。スキー場へ着いても気が晴れず、やがて、混雑したゲレンデで家族からはぐれてしまいました。

そのうちに、滑りながら事件のことを考えていたためか、カーブを曲がり切れず、浅い谷間に落ちてしまいました。幸いけがはしなかったものの、ショックのあまり起き上がれず、新雪の中であおむけになったまま、空を見上げていました。空からは、いつやむともなく無数の白銀の結晶が降り落ちてきます。

ふと我に返って、「わぁ、すごいなぁ！」と思いました。この膨大な量の雪を降らせているのは、万物を創造した父なる神であると気がついたのです。雪の結晶さえ、同じものは一つもありません。そんな個性のある雪を、かくも美しく造り、私たちのために惜しみなく降らせてくださる神！「すごい！すごい！」感激が止まりませんでした。口を大きく開けて、雪がどんどん入ってくるのを楽しみました。「あなたの口を大きくあけよ。わたしはそれを満たそう」（詩篇八一・一〇）という言葉が心に強く響き渡り、神の恵みに圧倒されてしまいました。私は事件のことなどすっかり忘れ、浮き浮きした気分でスキーから帰ってきました。

神の恵みよって強められた結果、その問題に具体的に取り組んで、これを解決することができたのです。

問題にとらわれているのは、世の問題に心が向いているからです。問題から心が解放されるためには、私たちの心の方向を、地から天へ転換すればよいのです。「恵みを数える」のは、そのための手段の一つです。恵みの一つ一つを思い起こすことで、恵みから恵みへと、神の祝福の世界へ引き上げられていきます。私たちの心の方向を、地から天へ転換するのです。そうすると、問題を解決する力を得ることができるでしょう。こうして、問題を通して神の恵みを楽しむことができるようになるのです。

deep and gloomy
whether it be
capital importance
movement.
and obsolete
important literary event
Bishop Percy's edition of the
folio—the Reliques of Ancient
his own mind knew the Middle Ages
themselves, and he took care to
rudeness and plainness of his
should not blame him. Sir
with better tact and skill in

第3章
新しい世界に踏み出そう

CHALLENGE

1 今日がスタート

「『ぜひ君が社長になってくれ！』と大学時代の仲間に強引に頼まれ、長年勤めた商社を辞めて彼の会社に転職しました。ところが、一年もたたないうちに社内の主導権争いに巻き込まれ、社長をクビになってしまいました。商社を辞めなければ役員に昇格する道が待っていたのに、悔やんでも悔やみきれません」

ある元エリート商社マンから、社長の地位を取り戻すための法的対策について相談を受けました。自分を誘っておきながらクビにした仲間をひどく恨み、「殺してやりたいくらいです！」と言うのです。しかし、社長解任の手続きはすべて合法的に行われています。

「残念ですが、法律的な対抗策は何もありません。でも、あなたほどの経歴があれば、新しく出発する道はいくらでもあるのではありませんか」

「いや、もうだめです。今のご時勢、一度退職した五十すぎの男がいくら探したって、まともな職はないのです。転職に反対だった家内からは毎日非難され、家庭もがたがたです。あんな誘いに乗らなければよかった。いっそ、誰も知らないところへ行って死んでしまいたい」

「ちょっと待ってくださいよ。一度転職に失敗したくらいで、死ぬの殺すのというのは大げさ過ぎませんか？　温泉にでも行って気分を変えてみたらどうでしょうか？　新約聖書を一冊差し上げますから、ホテルでゆっくり読んでみてください。きっと、生きる希望が湧いてきますよ」
「そんな余裕は私には全くありません。私はどうしてもあいつが赦せないんです。あいつを殺して自分も死んでやります！」
聖書を手にした彼は、こう言い残して帰っていきました。

第三者から見ればどうにでもなると思えることでも、心が深く傷ついている当の本人は、過去の忌まわしい出来事を忘れることができないのです。そうすると将来の可能性に思いを向けることができません。「もうだめだ、もう立ち直れない」とますます絶望的になっていきます。

先ほどの元商社マンは学生時代、山岳部に所属していました。「聖書を何度も読んだがよく分からない。やっぱり死のう。どうせ死ぬなら、好きな山に登って美しく死んでやる」と真冬の雪山登山を決行しました。絶壁の山頂に立ち、人生最後の達成感を味わってから、はるか眼下の積雪の中へ飛び込んで凍死しようと計画したのです。

彼は氷点下の大気に白い息を吐きながら山頂を目指し、雪を踏み締めて一歩一歩登っていきました。生まれてからこれまでのシーンが走馬灯のように巡ります。前進していくうちに、次第に憎しみや悲しみが消えていきました。大自然の生命力に感動を覚え始めました。

すると急に視界が開け、白銀に輝く山々が彼の目の前に立ちはだかったのです。神秘的な美しさに圧倒された彼は、思わず三十分以上もその場に立ちすくんでしまいました。

「私はそこに、聖書に書かれている天国を見ました。恐れも悲しみも涙も苦しみもない、すばらしい世界です。永遠に続くと思われる未来への明るい希望が輝いていました。『過去なんかどうでもいい！　今がスタートだ！　よしやるぞ！』と生きる勇気が湧いてきました。心の底から熱いものが込み上げてきて、あまりのうれしさに大声で男泣きに泣きました」。彼はこの時の感動をこう表現しました。

「私は自分の愚かさをはっきり悟りました。仲間の誘いに乗ったことの愚かさではなく、転職に失敗したことくらいで、人を憎んだり自分の命を断とうとしていることの愚かさです」

彼は意気揚々と胸をときめかせて下山しました。残された遺書を読み、心配して集まっていた家族や親戚は、別人のように元気で帰宅した彼を見て、心から驚きました。彼は聖書を学んでイエスを信じました。そして、自分を裏切った仲間を赦したのです。

私たちはいつも、様々な困難や問題にぶつかります。失望したり挫折したりの繰り返しです。絶望して、「死んでしまいたい」と思う時もあるでしょう。しかし、絶対にもう立ち直れないなどということは、「絶対にない」のです。自分が過去の失敗にこだわって、将来の希望と可能性に目を向けることができないだけなのです。

あなたにとって、まさに今日の今が新しいスタートです。あなたの前にはいつも、希望と可能性に満ちた将来が明るく輝いているのです。

CHALLENGE

2

問題は人生のスパイス

私たちは、いろいろな問題にぶつかって苦しみ、ストレスを感じます。「なぜ自分だけがこんなに苦しまなければならないのか?」と人生を悲観し、死を考えるほどになるのです。まさに、「思い煩い」は、死に至らせる「重い患い」なのです。人はストレスを感じると心拍数が上がり、血管が収縮します。ストレスは免疫力を低下させ、万病の元とも言われています。

しかし、ストレスを感じると、脳下垂体からオキシトシンという神経ホルモンが分泌されます。このホルモンは社会的な情動を司り、人間関係を円滑にして親密にする役割を担っています。大きなストレスを感じた時、それを自分だけでは抱え切れないため、他の人に助けを求めるようになります。そうすると、お互いの親密な関係が生み出されるのです。本当は、ストレスも感謝すべきことなのです。

また、ハーバード大学で行われた研究によると、「ストレスを感じるのは良いことだ」と信じている人は、血管が収縮したり、心拍数が上がったりはしないと言います。かえって、喜びや挑戦することへの勇気が出たり、ワクワクした状態となり、気分がポジティブに高揚する際に見られる反応が起きたそうです。

神の目的は、問題によってあなたを祝福することです。問題を通してあなたを強くし、明るい希望を持たせ、隣人をもっと愛し、あなたを生き生きと生かすことなのです。

心を静めてよく考えてみると、神から与えられている恵みは無限大です。輝く太陽、美しい自然、整った町並み、家族や友人との親しい会話、目が見えること、耳が聞こえること、手が使え、足で歩けること……

それらに比べれば、嫌な問題は例外中の例外に過ぎないのではないでしょうか。神から与えられている数え切れない楽しみや無数の感謝すべきことに囲まれていながら、それに気がついていないのです。

私たちの心はすぐに鈍くなって、感謝も感激もない平々凡々な生活に陥ってしまいます。しかし、そんな時に嫌な問題が生じると、普段の平凡な生活がいかに恵まれていたかに気づくのです。

無数の恵みの中にある幾つかの嫌な問題も、本当は大きな益をもたらす恵みです。それらは私たちが、人生というすばらしいごちそうを感謝して味わい直し、かつ一層おいしくするためのスパイスなのです。

神を愛する人々、すなわち、神のご計画に従って召された人々のためには、神がすべてのことを働かせて益としてくださることを、私たちは知っています。

（ローマ八・二八）

CHALLENGE

3 タイム・イズ・ライフ

財産は激しい怒りの日には役に立たない。（箴言一一・四）

「富は無限、時は有限」。私が思いついたキャッチコピーですが、あなたはどう思いますか。「マグロはあと数年で食べられなくなるかもしれないし、石油もいずれ取り尽くされてしまう。しかし、富が枯渇しても、時間は永遠に続いていくではないか。富は有限、時間は無限だ！」こうも考えられますね。

しかし、よく耕して肥料を与えれば、土地は無限に作物を生み出してくれます。

海の汚染を防止し、乱獲をやめれば、マグロも再び繁殖するでしょう。石油が枯渇しても、原子力エネルギーが使えなくなっても、太陽エネルギー、風力エネルギー、潮力エネルギー……エネルギーは作り出せるでしょう。天地を造られた神は、「生めよ、増えよ、地に満ちよ!」と人間に言われました。ですから、富が欠乏して、人類が地上に住めなくなるということは、神の計画にはないのです。

実は今でも毎年、膨大な量の果実が未収穫のまま朽ち果て、価格調整のために大量の農畜産物が廃棄されています。まだまだ無限に近い量の未発見・未採掘の鉱物資源が地下に眠っています。また、非常に多くの特許新技術が、時期尚早として商業化されずに放置されています。今、世界で富が不足しているとすれば、その原因は、人間に愛と知恵が不足しているからにすぎません。愛が不足しているために、あり余る富を公平に配分できないのです。知恵が不足しているから、今ある富をもっと増やすことができないのです。

富は無限に存在します。これに対して、時間は限られています。人の寿命は長くても百年前後。学生として学ぶ時間、社会で働く時間、結婚して生活する時間、子どもを育てる時間……。すべての時は限られています。

「時は金なり」と言いますね。時は富と同じだから、時を大切にしなければならないということです。なぜなら、時間を使って働いた分だけお金になります。金融機関にお金を預けておけば、時間がたった分だけ利子がつきます。株や不動産に上手に投資すれば、時とともに資産価値が増えます。しかし、時が富しか生み出さないとすれば、それほどむなしいことはありません。誰も、あの世に何一つ持って行くことはできないからです。

本当は、「時はいのちなり」なのではないでしょうか。私たちのこの世のいのちには、限られた時間しかありません。時はいのちと同じだからこそ、時を大切に生きなければならないと思うのです。

「私は人生の最大の失敗者だ。富の獲得のためにのみ時間を浪費してきた。最も大切な家族を愛する時間をほとんど持たなかった」

何度も離婚して世界一の大富豪になった石油王ジャン・ポール・ゲッティが、臨終の間際に語った言葉です。

「キリスト教撲滅！」を叫び、世界制覇を目指して巨大宗教団体に成長させた宗教指導者が、末期がんにかかり、病床にキリスト教の神学校の教授を呼んで、聖書の集中講義を受けていたと元幹部から聞きました。きっと、自分の死を目前にして「本当の真理は何なのか?」「永遠のいのちを持つにはどうしたらいいのか?」を知りたがっていたに違いありません。

「富は無限、時は有限」

有限な時をいかに有効に生かして生きるか。言うまでもなく、あなたの最も大切なことに、あなたの時を使うことです。あなたにとって、最も大切なことは何でしょうか。

CHALLENGE

4

燃えて生きる

がんにならない秘訣の一つは、熱いお風呂に入ることです。がん細胞は四十二度の体温で死滅するからです。日本人が世界有数の長寿国民になった理由の一つは、「熱いお風呂に入る習慣」のせいだとも言われています。反対に、体温が下がると免疫力が弱まり、がん細胞は増殖します。最近は日本人にも癌患者が増えているのは、ゆっくり「熱いお風呂に入る習慣」から、サッと「ぬるいシャワーを浴びる習慣」に切り替わってきたからではないでしょうか。

多くの人の心が病んでいます。その原因の一つは、生きる情熱の低下ではないでしょうか。心が熱く燃えていれば、心配、恐れ、悲しみ、憎しみといった心のがん細胞は死滅していきます。神はご自身を「焼き尽くす火」であると言われました（申命記四・二四）。神の火をいただいて、否定的・消極的な思いを焼き尽くさなければならないのです。

「世界のホンダ」の創業者・本田宗一郎氏は、創業のころ、町工場同然の小さな会社で、朝礼のたびにみかん箱に乗って、「わが社は世界一を目指す！」と宣言しました。それを聞かされた社員は「うちの社長はなんて大ぼらふきなんだ」と思ったことでしょう。しかし、やがてホンダは自動車メーカー世界トップテンに入り、世界中で愛される大企業に成長したのです。

ソフトバンクの創業者・孫正義氏も、創業初日、数人のアルバイトの人たちを前に、みかん箱の上に立ち、「わが社は五年以内に百億円、十年で五百億円、いずれ一兆円企業になる！」と演説しました。ソフトバンク・グループの二〇一六年三月期の売上は九兆円を超えています。

ともにミカン箱の上で掲げた両氏の大風呂敷が成就したことが話題になり、今、ミカン箱が売れているようです。「成功のミカン箱一個七万五千円也！」というネット販売業者もいるほどです。もちろん、これは見当違いもいいところでしょう。ミカン箱が成功を生み出したのではなく、両氏の寝食を忘れるほどの情熱と勤勉が目標を実現したのです。

勤勉で怠らず、霊に燃え、主に仕えなさい。（ローマ一二・一一）

パウロはこう言っています。

燃えて生きるには、どうしたらよいのでしょうか。勤勉で怠らず、熱心に働いて使命に生きることです。しかし、神から与えられる使命はあまりにも壮大で、自分の力やがんばりで成し遂げることはできません。いつも神から力をいただいて、情熱をもって働きましょう。

CHALLENGE

5

柔和と自制の力

ある晩、渋谷のカフェ二階の窓際席で、道行く人々を眺めていました。するとほろ酔い加減の若者が、前から来た人にぶつかり、そのまま行こうとしました。

「ばか野郎！　人にぶつかってごめんもないのか！」

「ばか野郎とは何だ！　てめえ、言葉に気をつけろ」

売り言葉に買い言葉。若者の方も怒り出したので、かっとなった相手は、若者の胸ぐらをつかんで突き倒しました。歩道のコンクリートに頭を打ち付けた若者の頭からは血が出ています。起き上がった血だらけの若者と相手との間で、取っ組み合いのけんかが始まり、たちまち黒山の人だかりになりました。やがて大勢の警官たちによって、二人とも逮捕されました。ハラハラしながら見ていた私は「殺人事件に発展しなくてよかった」と胸をなでおろしたのです。

ささいなことでカッとなって怒りを爆発させたため、一生を棒に振ってしまうことがよくあります。何十年も築いてきた友情関係も一瞬にして壊れてしまいます。夫婦が互いに深く傷ついてしまいます。自制心を失い、感情に支配されて行動すると、多くの場合、思わぬ悲劇を生み出してしまうものです。

自制心を失わず、柔和でいるためには、感情的になって相手の挑発に乗らないことです。相手がいくら挑発してきても、それに乗らなければ空振りに終わります。空振りばかりしていると戦意が失われ、やがて挑発してこなくなるのです。

「どうしても相手を赦せないので裁判にしてください！」と言われて、依頼者と一緒に相手側と和解交渉をしたことがあります。感情的になった依頼者がいくら大声で弱点を攻めても、相手側は決して怒ることなく、穏やかに対応していました。何度か話し合いの場を持ったが、和解に至らず、「それでは法廷でお会いしましょう！」との依頼者の最後の捨て台詞で別れました。

「あなたの気持ちはよく分かりますが、裁判しても勝ち目はありませんよ」

私は依頼者を説得して、無益な裁判をあきらめてもらいました。相手方の自制心の勝利でした。法廷という冷静な裁きの場では、感情的になった方が負ける公算がはるかに大きいのです。健全な判断ができず、勇み足をしてしまうからです。

問題の解決に取り組む時も同じです。感情的な方が力で押し切ると、一時的には得するように思えますが、長期的には損する方が多いのです。

渋谷の路上の事件でも、ぶつかられた人が気にしなければそれで済んだことです。また、ぶつかった若者が「すいません」と一言謝ればけんかにならなかったでしょう。お互いに感情的に挑発し合ったことが、大きな問題になってしまった原因でした。自制しようとしても、人間の力には限度があります。相手があまりにも不当な要求をしてきたり、根も葉もない誹謗中傷をしている時は、つい我慢できず感情的に応酬してしまいます。

聖書によると、柔和と自制は聖霊なる神の実です。神の愛に満たされて生活する中で実るものなのです。真の柔和と自制は決して悪の挑発に乗りません。柔和と自制を心に育てましょう。

CHALLENGE

6

壁は乗り越えられるためにある

今、あなたの前に立ちはだかっている壁は何でしょうか。夫婦の不和でしょうか。子どもの問題でしょうか。職場のトラブルでしょうか。経済の問題でしょうか。病気の苦しみでしょうか。いずれにしても、私たちはいつも何かの壁に阻まれ、行き詰まります。しかし、それはあなたが生きている証拠です。

「芸術はいつも行き詰まっている。行き詰まっているからこそ、ひらける！」

こう言って日本に前衛芸術を切り開いてきたのは、岡本太郎氏です。大阪万博のシンボル「太陽の塔」で国際的話題を集めた岡本太郎氏は、「壁は自分自身だ！」といつも体当たりで、自分の芸術という壁を乗り越えてきました。

人間の一つの細胞の中にある遺伝子（ＤＮＡ）の情報量は三十億と言われています。ところが、その九十七パーセントは使われずに眠っているのです。眠っているＤＮＡ情報（潜在能力）を活性化してくれるのが、あなたの目の前に立ちはだかる障害物です。

「記録は破られるためにある」と言われるように、スポーツその他の最高記録は次々に破られてきました。最高記録という大きな壁に勇敢に立ち向かった人たちが、それを見事に乗り越え、新記録を打ち立ててきたからです。

ある刑事裁判で、被告人側の証人尋問の予行練習をしていました。この証人尋問が、逆転勝利できるか否かの最後の決め手となるのです。準備に準備を重ねて、証人尋問の前日、裁判所近くのホテルの一室で予行練習をしました。

しかし、証人は緊張のあまり連日十分に眠ることができず、こちらで用意した質問にさえもしどろもどろの返答しかできません。練習すればするほど、とんちんかんな発言ばかりが繰り返されます。質問している弁護側も、期待する返答をしてくれないために、いらいらして疲れてきました。「ただ正確に事実を証言してさえくれればいいのに」。これでは弁護人の主尋問ですら適確な返事になりません。まして、検察側の反対尋問に耐えることなど不可能です。万事休すでした。

「これ以上尋問の練習をしても意味がありません。運を天に任せて、今夜はゆっくり休みましょう」という提案が出されました。しかし、このままではこれまでの努力が水の泡です。


「この裁判を少しでも有利に導くために、もう一回だけやりましょう」

「かなり良くなりました。これが最後です、もう一度やりましょう」

「もう一押しです。これが最後です、もう一回がんばりましょう」

「これが最後の最後の最後です。ダメ押しのつもりで、もう一回、一番重要なポイントの事実についてだけやりましょう」


夢中になって練習していると、窓の外が白々と明けてきました。時計を見ると何と朝の五時です。どっと疲れが出て、私は自分の部屋に戻り、風呂にも入らず、着替えもせずに、そのままベッドで寝てしまいました。目が覚めると午前九時。あわてて飛び起きて、朝食も取らずに、聖書を読んで短く祈りました。

「神様、不十分ではありますが、とにかく全力を尽くして準備しました。あなたが証人の口を通して証言してください」

「結果にこだわらず、全力を尽くします！」。その朝、証人の覚悟が決まりました。証人台に立った証人の姿は堂々として、凛々しいものでした。弁護人の主尋問、検察官の反対尋問、裁判官の質問のすべてに適確な回答をしました。想像をはるかに越えた完璧さでした。神様が助けてくださったのだと確信することができました。

あなたの人生は、百メートルを一気に駆け抜ける「短距離走」ではありません。平坦な道を自分のペースで走り続ける「マラソン」でもありません。あなたの人生は、山あり谷ありの「長距離障害物競走」なのです。目の前に現れる障害物の壁を一つ一つ乗り越え、ゴールに向かって走り続けるのです。壁を一つ乗り越えるたびに、あなたはより強くなり、雄々しく成長していきます。あなたの心は熱く燃え、もっと大きな壁にチャレンジしていこうという勇気が湧いてくるのです。

CHALLENGE

7

問題解決の八つの方法

ガン治療の世界的権威、カール・サイモントン博士が提唱するガン治療の八つの方法があります。

①ガンは必ず治ると強く確信する。ガンは治らないという恐怖心が大きなストレスとなり、免疫力を低下させてしまう。

②朝晩、自分の最高のコンディションを心に思い描く。これが免疫力に大きな力を与える。

③人を憎まない。憎しみは心とからだに猛毒素を生み出し、免疫力を極端に弱

めてしまう。
④悲しみ、絶望感、愚痴、不平を徹底的に追い出す。夢と希望を具体的に心に描き出せば、免疫力が飛躍的に高まる。
⑤適度に運動する。適度な運動は、筋肉に強い免疫力を持った細胞をつくり出す。
⑥大きな目標を具体的に掲げる。目標達成に向けて情熱を燃やすことは、末期ガンが奇跡的に完治した人に共通している。
⑦大きな声を出す。単調な発声を繰り返すとストレスに対する抵抗力が強められ、精神の安定が保たれ、その結果、免疫力が維持される。
⑧いつも喜び、感謝する。喜んでいる精神状態は最高の免疫力を発揮する。
これを参考に、私も問題解決のための八つの方法を提案したいと思います。

①問題は必ず解決すると深く確信する。「この問題は解決できない」という恐怖心が大きなストレスになり、問題対応力を弱めてしまう。

②あなたが最高に幸せである状態を心に思い描く。問題が完全に解決して、すべての関係者が喜んでいる様子を祈りつつ、リアルに思い描く。これが問題への対応力を強化する。

③敵対している相手を赦し、相手の幸せを願う。敵を愛し、迫害する者のために祈れば、心が平安になり、問題への対応力が高まる。

④悲しみ、恐れ、不平、不満を、あなたの心から徹底的に排除する。問題はあなたの益のために存在していると信じて、どんな問題にも前向きに対応していくなら、問題解決の可能性は飛躍的に高まる。

⑤十分に眠り、楽しく食事をし、適度に運動をする。精神的にも肉体的にも元

気になり、問題に真正面から取り組む気力と体力が湧いてくる。

⑥自分の使命に熱心に取り組む。自分の使命に夢中になって取り組んでいると、目の前にある大問題が、ほんのささいな問題に過ぎなくなってしまう。

⑦「私はすでにこの問題を解決した！　神に解決できない問題は何もない！」と声に出して繰り返し宣言する。問題を笑い飛ばしてしまおう。笑っているうちに、ストレスから解放されて、問題を解決する名案が浮かんでくる。

⑧いつも喜び、絶えず祈り、すべてのことに感謝する。生かされていることをいつも喜び、問題の解決を神に祈りつつ、すべてのことを感謝して生活するなら、どんな問題もいつの間にか解決してしまう。

CHALLENGE

8

笑いは問題解決の鍵

「聖書は神が人間に賜った最高のプレゼントである。人間にとってすべての望ましいものは聖書にある」

こう言って、生涯の日々熱心に聖書を読んで祈り続けたのは、アメリカの奴隷解放を実現したリンカーンです。あの南北戦争の真っ最中、特に北軍側が不利な時に、リンカーンはよくジョークを言って将軍たちを笑わせたそうです。

「この重大な時期に冗談など言って笑うのは、不謹慎ではありませんか」という部下の批判に対して、「事態が深刻であればあるほど、緊張をほぐすために、笑いが必要なのだ。私は緊張のあまり死にそうなのだ」と答えたそうです。極度の緊張の中、リンカーンは笑いによって自分と部下をリラックスさせ、イエスのもとに立ち返り、全力を尽くして戦ったのです。

深刻な問題に対して緊張しすぎると、物事の否定的な一面しか見えなくなります。そのため、全体を見て総合的な判断をしたり、新しい角度から考えたりすることができにくくなります。

冗談が言えるということは、同じ物事を自由な視点から見ているということです。物の見方に柔軟性があるのです。笑うことによって緊張がほぐれ、一つの問題をいろいろな角度から見ることができるようになります。そうすると、様々な困難を越えて、問題を解決する名案が生まれてくるのです。こうして、全力を尽くして問題に取り組むことができるようになります。イギリスのチャーチル首相は、議会で野党から問い詰められて返事に窮しても、彼独特のユーモアで議場を笑わせ、彼の政策を実現していったそうです。

ある会社の社長が、共同事業に失敗し、事業の相手から裁判を起こされて、意気消沈していました。負ければ会社も自分も破産に追い込まれる危機に直面して、死ぬほど悩んでいたようです。相手からの訴状には、弁護士が三人も名前を連ねています。社長はお金がないので、弁護士を雇えません。

「うちの社長、人が良すぎて、いつもだまされてばかりいるんですよ！」

一緒に相談に来た社長の運転手が、こう言って嘆いていました。話を聞いてみると、社長は百パーセント善意、相手は百パーセント悪意です。

「この裁判おかしいですよ！　社長が相手を訴えるべきじゃないですか！」

あまりにもおかしくて、私は思わず「ワッハッハッハ！」と大声で笑ってしまいました。

「そうですよね。私もどうもおかしいと思っていたんです。これって、どう考えても、逆ですよね」

気持ちがほぐれて、社長も笑い出しました。事業失敗という深刻な事態に緊張するあまり、誰の責任なのかを正しく判断できなかったのです。

「社長、そうですよ。社長は全然悪くないのに、悪い相手から訴えられてしょげてるんですよ。しっかりしてくださいよ。私の生活もかかっているんですから」

今度は運転手も笑い出しました。

「これ、弁護士がいなくても、本人訴訟でやってみたらどうですか。きっと勝てますよ」ということで、私がボランティアで少しお手伝いして、社長本人が法廷で闘うことになりました。勢いづいて、その場で訴訟の準備が始まりました。

三人でゲラゲラ笑いながら裁判の準備をしていたら、アッという間に夜が明けてしまいました。

生まれて初めての裁判で、社長は一人で法廷に立ち、三人の弁護士を相手に戦っています。

「私が本当のことを言うもんですから、裁判官も味方してくれて、相手の弁護士たちはしどろもどろでした。裁判っておもしろいですねぇ。いやぁ、こんなに楽しいもんだとは、思いませんでした」

毎回法廷の後で、社長の報告を聞いて、三人で大笑いしています。もちろん裁判ですから、こちらに不利な証拠もたくさんありますが、冗談を言って笑っているうちにどんどん名案が湧いてきて、すばらしい反論ができるようになりました。

最近では、こちら側がとてもおもしろそうにしているので、相手側の関係者たちまでもが、こちらの味方になり始めています。実に、笑いは問題解決の最強の手段の一つなのです！

第4章
決してあきらめない

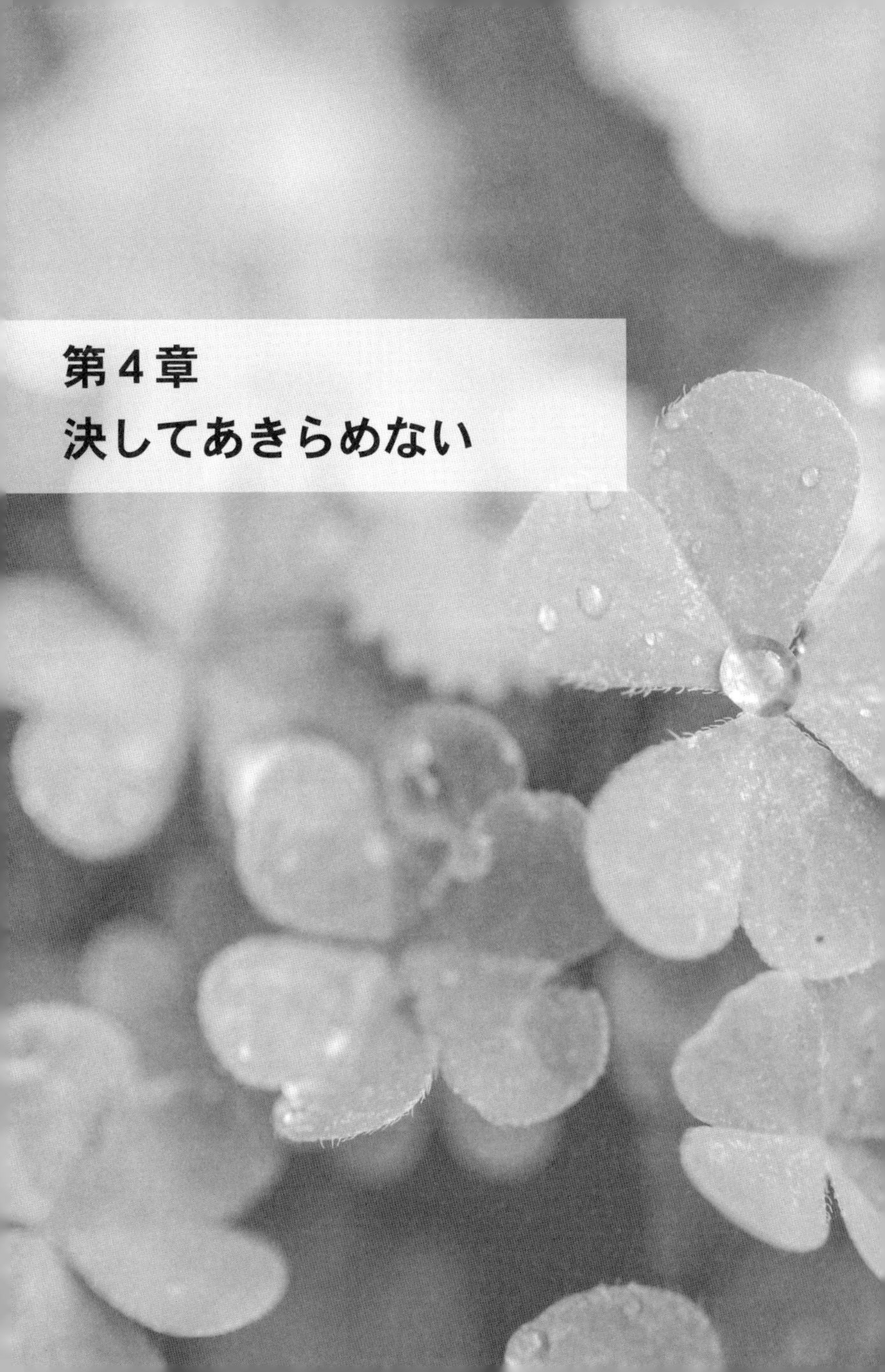

1

ロックブレイカー

アメリカのコロラド州に、春一番に咲く可憐な花、サクシフラージュ。この花の根は、岩の小さな裂け目に深く入って、そこに種を植えつけます。その種は、ものすごい力で生長して、ついには岩を砕いてしまいます。こうして岩の中から花を咲かせるのです。サクシフラージュは、英語ではロックブレイカー（岩を砕く花）と言います。

岩のような難問に直面すると、「こんな難問を解決することは、到底不可能だ！」と誰でも思ってしまいます。しかし、全能の神様に不可能なことはありません。

サクシフラージュがそれを証明しています。神様を信じれば、誰でもロックブレイカーになれると、聖書の各所に書かれているからです。

泣き叫ぶ母親の前で黒人の少女が競売にかけられていました。ニューオーリンズの波止場で、それを目にした二十二歳のアブラハム・リンカーンは、奴隷制度に深い悲しみと激しい怒りを抱き、「神の前の自由と平等に反する奴隷制度は、絶対に廃止しなければならない」と固く決心しました。

リンカーンは、数々の落選、失業、失恋を体験しました。何度も神経衰弱になり、自殺寸前まで追い込まれました。しかし初志を貫き、五十一歳の時、第十六代アメリカ大統領となったのです。奴隷解放の是非は、アメリカを二分する南北戦争にまで発展しました。当初は、奴隷制度擁護派の南軍の圧倒的勝利で進行していたものの、奴隷解放派の北軍を指導したリンカーンは、これを一挙に逆転しました。こうして、決心後三十年目にして、リンカーンは念願の奴隷解放を実現したのです。

リンカーンを動かした力は神の力でした。その力は聖書の言葉から生みだされるものです。神の言葉は、岩を打ち砕くハンマーなのです。神の言葉があなたの心に蒔かれると、それはものすごい勢いで生長していきます。神の言葉は、数々の試練を用いて、あなたの「岩のようにかたくなな心」を内側から砕いていきます。かたくなな心が砕かれると、いかなる時にも神を信頼するようになるでしょう。

すると神は、「難問という大きな岩」の小さな裂け目に、あなたを種として植えつけます。あなたの内側に働く神の力は、さらに大きく生長して、ついには「難問という大きな岩」を砕いてしまうのです。

リンカーンは、生涯にわたって日々聖書を読み、どんな時にも神に祈りました。

数々の試練を通して、リンカーンの外なる人は徹底的に砕かれ、彼の内なる信仰は、猛烈な勢いで生長していきました。こうして、「奴隷解放」という、世界の歴史の中でも最も美しいサクシフラージュの花のひとつが咲いたのです。

あなたは人生の中で、いろいろな試練や困難に遭うことでしょう。初めはびくともしない大岩も、神の言葉のハンマーでたたき続けていくうちに、すなわち、あなたが体当たりでぶつかっていくうちに、次第に内側にひび割れが生じてきます。なおもたたき続けていくと、神の時が来て、一挙に砕かれてしまうのです。

そうすると砕かれた岩から、神の恵みが豊かにあふれ出てくることでしょう。

わたしのことばは火のようではないか。また、岩を砕く金槌のようではないか。

（エレミヤ二三・二九）

2

必ず成し遂げる力、集中力

「一事を必ず成さんと思はば、他の事の破るるをも傷むべからず、人の嘲りをも恥ずべからず。万事に換へずしては、一の大事成るべからず」

『徒然草』を書いた吉田兼好はこう言いました。一つのことを必ず実現しようと思うなら、その事だけに集中して全力を投入しなければなりません。

人間は、神そっくりに造られました。ですから、人間にはどんなことでも成し遂げる能力が与えられています。しかし、この能力を発揮するためには、一つのことに集中しなければなりません。言い換えれば、一つのことに全身全霊を集中させるのです。太陽の光をレンズで一点に集中させると、紙や木を燃やすことができるのと同じです。

一つのことに集中すると、他の物事がおろそかになってしまうのは当然の帰結です。人々はそれを非難したり嘲笑したりするかもしれません。しかし、人の非難や嘲笑を気にしていたら、何事も成し遂げることはできません。ほとんどの人は、あれもこれもとバランスを取りながら、そつなく物事を実現しようとします。しかし、それでは本当に大切なことは成し遂げることができないのです。

アメリカに成功者の記事を載せる『サクセス・マガジン』という雑誌があります。オリソン・スウェット・マーデンという人が、『サクセス・マガジン』に過去百年間に掲載された三万件に及ぶ成功データを丹念に調査して分析しました。マーデンはそこから、「成功の秘訣」として、五つの基本的な条件を抽出したのです。

①勇気……新しいことを始める力

②忍耐力……スタートしたことを継続する力

③勤勉……一生懸命努力する力

④集中力……エネルギーを一点に絞り込む力

⑤自信……自分の成功を固く信じる力

それでは、この五つの成功の条件のうちで、一番大切な条件は何でしょうか。

バルセロナオリンピックで、出場選手たち全員に「あなたが競技で優勝するためには、どの条件が一番重要だと思いますか」というアンケート調査をしました。何と、圧倒的多数のオリンピック選手が、一番重要な条件として「集中力」にマークしたのです。他のどんな条件よりも、「集中力」が目標実現のためには大切なのです。言い換えれば、他のどんな条件が満たされても、「集中力」がなければ、優勝は難しいのです。

キリスト教が、世界二十億人の信者を擁するようになった最大の功績は、パウロの宣教にあります。パウロはすべてを犠牲にしても、彼の全身全霊を「イエス・キリスト」に集中して、福音宣教の一事に生きたのです。

私は、……ただ、この一事に励んでいます。すなわち、うしろのものを忘れ、ひたむきに前のものに向かって進み、キリスト・イエスにおいて上に召してくださる神の栄冠を得るために、目標を目ざして一心に走っているのです。

（ピリピ三・一三～一四）

3

しなやかに、かつしたたかに

F君はある晩、新宿のバーで友だちと飲んでいた時に酔っぱらいにからまれました。かっとなった彼は、空手有段者の腕力で相手の顔を殴りつけ、前歯を折ってしまったのです。F君は傷害罪の現行犯で逮捕され、警察の留置場に入れられてしまいました。厳格な法律家の家庭で育ったF君は、非常に正義感の強い青年です。しかし正義感が強すぎて、些細な問題にも事あるごとにぶつかり、トラブルが絶えません。

「悪人に手向うな」と聖書には書かれています。「右のほおを打たれたら、左のほおを向けてやりなさい」とイエスは言われます。水辺の葦は、大木を倒すような強風にも、土砂崩れを起こすような大雨にも、曲がるだけ自分を曲げて、「しなやかに」やり過ごしています。やがて強風が吹き去り、大雨がやめば、何事もなかったように、再び天に向かって真っすぐに伸びているのです。

あなたは、誤解や悪意による、人の批判や悪口にさらされるかもしれません。そんな時は「しなやかに」受け流していきましょう。できる限り打たれ強くなって、相手を決して悪く思わないことです。いちいち言い返したり、やり返したりすれば、復讐が復讐を生む悪循環に陥ってしまいます。復讐は神様に任せて、あなたは悪で悪に報いず、かえって善をもって報いればよいのです。

「あのM君が自殺したんですって！　とても信じられません……」。突然の死で周囲の人たちを絶句させたM君は、明朗かつ温厚、スポーツ万能、その上背が高く知的で、人々に親切でした。誰からも好かれ、尊敬されていました。数年間証券会社で働いた後、高校教師となりましたが、生徒全員から慕われていました。ところが、ある人との人間関係のもつれから、悩むようになりました。責任感の人一倍強い彼は、問題を引き起こした自分を責め続け、ある日突然、自らいのちを絶ってしまったのです。

誰でも窮地に追い込まれたら、「死んでしまいたい」と思うものです。問題の原因の一部が自分にある場合はなおさらでしょう。「したたかに」抵抗する力は、神様に愛されているという確信から生まれます。「神様が私の味方だ。どんな問題も私を押しつぶすことはできない！」と信じることができるからです。

「非暴力・非協力・不服従」をスローガンに大衆運動を指導したマハトマ・ガンジーは、イギリスによる植民地支配から、インドの独立を勝ち取りました。不当な植民地政策に対して、デモや暴動で対抗するのではなく、非暴力に徹して「しなやかに」対応したのです。しかし、断固として非協力・不服従を貫き、「したたかに」抵抗して、勝利しました。「私の生涯に最も深い影響を与えたのは『新約聖書』である」とガンジーは言っています。「しなやかに」かつ「したたかに」生きることを、彼は『聖書』から学んだのです。

様々な問題に「しなやかに」対応しましょう。同時に、自分を押しつぶそうとするような問題に対しては、「したたかに」抵抗し、かえってその問題から、神の大いなる恵みと祝福を勝ち取っていきたいものです。

4

なぜ和解すべきなのか

ある事件で、被害者（会社）から加害者（個人）との和解交渉を頼まれました。交渉の結果、和解が成立し、和解契約書に調印するのみとなりました。ところがなかなか加害者から和解契約書が送り返されてきません。催促すると、「よく考えてみたが、絶対に和解はしない！　死んでも戦う！」という返事が来たのです。頭では和解できても、気持ちは受け入れられないということのようです。

やむを得ず、被害者は訴訟に踏み切りました。数カ国にまたがる十件以上の裁判となり、数年後、すべての裁判で私の依頼者である被害者側が勝訴しました。ところが、長期裁判の過程で訴訟費用がかさんだため、加害者側は破産に追い込まれ、さらに加害者本人もストレスからガンを患い、死亡してしまったのです。「死んでも戦う！」と彼が宣言した通りになったのです。

また被害者側も、加害者が破産したため、賠償金を回収することができず、裁判によってビジネスもおろそかになり、倒産してしまったのです。

私は勝訴したことで、自分の責任は十分に果たしたつもりでいました。しかし依頼者である被害会社が倒産したため、弁護士報酬の一部が回収不能になってしまったのです。すべて、加害者が和解を拒絶した結果です。初めに和解していれば、被害者、加害者共に新しくスタートし、それぞれが発展していたに違いありません。そう思うと残念でなりません。

争っていると、なかなか和解することはできません。しかし聖書では、繰り返し和解を勧めています。なぜ和解しなければならないのでしょう。三つの理由が考えられます。

①自分が百パーセント悪いなら、謝罪して赦してもらわなくてはなりません。
②自分が一部だけ悪いなら、その部分について謝罪し、赦してもらうべきです。
③自分に全く罪がなくても、寛容な気持ちをもって加害者を赦すべきです。

和解するとは、自分や相手の罪に目をつぶることではありません。互いの問題点を話し合い、互いに自分の非を認めて謝罪し、赦し合うことです。人間は往々にして、自分の非を認めたがりません。しかし、十分に話し合えば、それぞれの言い分がはっきりし、それによって誤解が解けたり、後から自分の非を悟るかもしれません。たとえ相手が罪を認めなくても、十分に話し合った後は、謙遜と寛容の精神をもって相手を受け入れ、互いに和解すべきです。後は、すべてをご存じである神に、公正な判断をゆだねるべきです。

あなたがたは、自分に関する限り、すべての人と平和を保ちなさい。愛する人たち、自分で復讐してはいけません。神の怒りにまかせなさい。それは、こう書いてあるからです。「復讐はわたしのすることである。わたしが報いをする、と主は言われる」。

（ローマ一二・一八～一九）

5

人のピンチは神のチャンス

「最近結婚した夫がアフリカ人なのですが、夫はビザがもらえず帰国しなければならないと入国管理事務所に言われました。助けてください」

事情を聞いてみると、彼は日本人と結婚したのですが、不法滞在の期間が長すぎるため、配偶者ビザに切り替えることは不可能だと言います。祖国からは「不景気で仕事は何もないから絶対に帰るな」と言われているというのです。彼の妻はアフリカに住む気は元々全くありません。もし彼が祖国に帰れば、最低五年は日本に戻れません。二人とも憔悴し切っていました。

数年前、私は彼の祖国に仕事で行ったことがありました。アフリカについては極貧、非衛生的、危険という先入観があって行きたくなかったのですが、やむを得ず黄熱病の予防接種を受け、薬を山ほど買いこんで、恐る恐る飛行機に乗りました。

しかし現地は緑に覆われた美しい都会でした。人々は親切で、家は大きく、物価は安く、衛生的で特に危険もありません。帰りの飛行機の中では「日本とアフリカに半年ずつ住んで行き来できたら最高だなぁ」などと胸がふくらむほどでした。

私は自分の体験を話して、「これは神のチャンスですよ。今は仕事がないようですが、あなたは長年日本に滞在した経験があるから、奥さんと一緒に帰国してもきっと職は見つかりますよ。これから日本とアフリカのビジネスをすれば、大成功しますよ。どうか両国の架け橋となってください」と励ました。帰る時には、二人の目は輝いていました。

「一生懸命がんばりましたが、もうダメです。力尽きました。破産するほかありません。どうか助けてください」

知り合いの経営者から電話を受けて驚きました。収支がそんなにひどい状況とは知らなかったのです。「毎年三十万人以上が自己破産しています。あまり気にしないで、破産してやり直したらいいんじゃないですか」と言って、数日後に再び面会しました。彼は資金繰りの苦労からか、見る影もないほどにやせ細ってしまい、とても深刻な様子でした。

ところが、話を聞いているうちに、彼が最近新しい仕事を受注していたことが分かりました。彼はそれも焼け石に水で、やればやるほど、借金が増えるだけだと思い込んでいたようです。しかし深く聞いてみると、その仕事はとんでもなく大きな可能性を秘めた仕事でした。

「すごいじゃないですか！　これはまさに、千載一遇の神のチャンスですよ。これを成功させれば、負債を全部返済できるだけでなく、会社の株式上場も考えられますよ！」

私は思わず大声で笑ってしまいました。つられて彼も大声で笑い、こう言いました。「本当に久しぶりに笑いました。ずっと笑顔が出てきませんでした。やります。必ず成功させます」。大きな可能性に目覚めた彼は自信を取り戻し、意気揚々と帰っていったのです。

6 失敗から何を学ぶか

「ハインリッヒの法則」を聞いたことがあるでしょうか。ハーバート・ウィリアム・ハインリッヒは、長年にわたって労働災害の統計学的研究をした結果、ある法則を発見しました。「一つの重大事故の背後には、二十九の軽微な事故があり、その背後には、三百の異常が発生している」という法則です。このデータをもとに、「大事故を防ぐには、小事故を防げばよい。小事故を防ぐには、事故に至らない危険を防げばよい」ことが提言されています。実に「事故の九十八パーセントは、予防可能である」と言うのです。

刑法には、「人格形成責任」という刑事責任理論があります。「一つの犯罪を犯してしまう前に、その人は長期間にわたって小さな道徳的違反、捕まるには至らなかった小さな法律違反を繰り返し、罪を犯す人格を形成してきたはずだ」という考え方です。

聖書には、「欲がはらむと罪を生み、罪が熟すると死を生みます」（ヤコブ一・一五）と表現されています。

「アブラハムの法則」を聞いたことがありますか。きっと誰もいないでしょう。と言うのは、これは私が思いついた法則で、まだ仮説にすぎないからです。「ハインリッヒの法則」をそのまま逆にして考えてみたのです。

「一つの大きな成功の背後には、二十九の小さな成功がある。二十九の小さな成功の背後には、三百の成功に至らなかった失敗がある」。「一対二十九対三百の成功法則」です。多くの成功者の体験談を聞く限り、この法則は当てはまっているように思います。

エジソン、チャーチル、ビル・ゲイツ、孫正義、松下幸之助、本田宗一郎……

「今まで僕はずっと失敗してきた」

「人は失敗から物事を学ぶのだ。成功から学ぶことはめったにない」

『一勝九敗』という本を書いたユニクロの柳井正社長も、こう言っています。

「成功は、九十九パーセントの失敗に支えられた、一パーセントだ！」

ホンダの創業者、本田宗一郎さんの不朽の名言です。

そうすると、私たち凡人は、小さな成功をする前に、三百回失敗する必要があることになります。大きな成功をする前に、二十九回小さな成功をする必要があるのです。

もちろん、人によって個人差はあるでしょう。要するに、小さな成功をするにも、たくさんの失敗を体験しなければならないということです。一つ一つの失敗から、成功するコツを学習しているのです。大きな成功をするには、たくさんの小さな成功を体験しなければなりません。一つ一つの小さな成功から、大きな成功をする秘訣を学んでいるのです。

大切なことは、「一つの失敗から何かを学習し、一つの成功から何かを学ぶ」という態度です。謙虚に学び続け、積極的に挑戦し続ける姿勢が必要なのです

NEVER GIVE UP

7 あきらめないでチャレンジしよう

ｉＰＳ細胞の研究でノーベル生理学・医学賞を受賞した山中伸弥京都大学教授のモットーは、「何度失敗しても、あきらめないでチャレンジし続ける」です。当たり前のことですが、その当たり前のことを実行して大きな成果を上げた人が語ると、この言葉にはとても重みがあります。

マラソンランナーでもある山中教授は「人生はマラソン。勝ち負けではない」「論文で先を越されたとしても、私たち研究者はあきらめず、最後まで走り抜く必要がある」と語っています。

あきらめない

ある時、絶対に勝ち目がないと思われた裁判の弁護を頼まれました。忙しかったので、他の弁護士が決まるまでと引き受けました。「どっちみち負ける裁判だから」と初めのうちは割と気楽でした。しかし、次第に事件の重大性が分かってきたのです。「この裁判に負けたら、とんでもないことになる!」と気がつくと、非常に気が重くなってきました。寝ても覚めても裁判のことが頭から離れません。不利な証拠も出てきました。

ところが不思議なことに、他の仕事がキャンセルになったり、個人の用事が延期になったりして、時間が十分に与えられ、最後までその裁判に取り組むことになったのです。「神はこの裁判を勝たせようとしているのではないか」と、ふと思い始めました。それからは、神の奇跡を祈りつつ、弁護活動に取り組みました。

やがて、少しずつ奇跡が起き始めました。小さなことですが、普通ではありえない有利なことがいくつか起きたのです。そしてとうとう、判決数日前に、突然思いもよらない大きな奇跡が起きたのです。その結果、情勢が一挙に逆転し、勝訴してしまいました。

石油を採掘するためには、地中に深く穴を掘っていかなくてはなりません。これをボーリングと言います。しかし、石油のボーリングにはリスクがあります。掘っている地下に、本当に大きな油田があるかどうかが確認しにくいのです。

ある青年が、石油王を夢見て有望な鉱区でボーリングを試みました。私財をつぎ込みましたが、どこまで掘っても油田に突き当たりません。ついに彼はあきらめて転職してしまいました。ところが、後から来た別の人が、同じ場所でさらにボーリングを続けたところ、膨大な油田に到達したのです。この人は一躍、石油会社の経営者となりました。

転職した青年はこれを知って、「一度志したビジョンは、それを実現するまでは絶対にあきらめずに努力するぞ!」と固く決心しました。彼は政治家を志し、ついにアメリカの大統領となりました。その名は、ハリー・トルーマンです。第二次世界大戦の終結と終戦処理をし、強力な反共政策を打ち出した大統領です。

あなたがたが神のみこころを行って、約束のものを手に入れるために必要なのは忍耐です。(ヘブル一〇・三六)

8

粘り強さを発揮しよう

「『粘り強さ』に勝るものはない。才能があっても駄目だ。才能ある失敗者は大勢いる。天才でも駄目だ。報われない天才は大勢いる。学歴が高くても駄目だ。高学歴の落後者は大勢いる。しかし、『粘り強さ』さえあれば、決心したことは何でもできる。『粘り強さを発揮しよう！』。これこそが、あらゆる問題を解決してきたし、これからも解決していくであろう」（カルビン・クーリッジ）

「サイレント・カル」（寡黙なカル）と言われた、アメリカ合衆国第三十代大統領カルビン・クーリッジは、寡黙でしたが数々の名言を残しました。黙々と粘り強く働き、「国家が、国民から必要以上の税金を徴収するのは、合法的強盗である」と言って、税率の低減と国債発行の縮小を図り、著しい経済成長を合衆国にもたらしたのです。

「黙々と粘り強く働く」。これこそまさしく、日本人が天から与えられた特徴です。この粘り強さを発揮して、日本の人々は日本を世界の経済大国へと押し上げてきたのです。

どのような状況にも耐え抜くことができるような本当の粘り強さは、本来、神を信じる信仰から生み出されるものです。

二〇一〇年に起きたチリ鉱山事故を覚えておられるでしょうか。地底七百メートルに二カ月以上も閉じ込められながら、彼らは決して希望を失いませんでした。捜索のテント村は「エスペランサ」(希望)と名づけられました。救出作業中に誕生した、閉じ込められていた作業員の娘さんは、「エスペランサ」と名づけられました。

「私たちは三十三名ではなかった。神が共にいてくださったから、三十四名だったのだ!」

最初に救出されたフロレンシオ・アバロスさんの第一声です。そうです。信じようと信じまいと、神はあなたと共にいてくださいます。聖書では、神は「希望の神」と呼ばれています。いつもあなたと共にいてくださる、この希望の神に希望をつないで、あなたの粘り強さを発揮していくならば、どのような試練や困難も、乗り越えていくことができるのです。

患難が忍耐を生み出し、忍耐が練られた品性を生み出し、練られた品性が希望を生み出す。（ローマ五・三〜四）

うまくいかないときにうまくいく

2016年8月31日　初版発行

著　者　ささきみつお

発　行　小牧者出版
〒300-3253　茨城県つくば市大曽根3793-2
TEL: 029-864-8031
FAX: 029-864-8032
E-mail: info@saiwainahito.com
http://saiwainahito.com
印　刷　(宗) ニューライフ・ミニストリーズ 新生宣教団

乱丁、落丁はお取り替えいたします。
Printed in Japan　小牧者出版 2016　ISBN978-4-904308-18-9